CHEMINS DE FER DE L'EST ET DU NORD.

TARIFS COMMUNS

POUR

LES TRANSPORTS A GRANDE ET A PETITE VITESSE

SOUMIS A L'HOMOLOGATION MINISTÉRIELLE.

RÉPARTITION.

---

5 FÉVRIER 1864.

PARIS

IMPRIMERIE ADMINISTRATIVE ET DES CHEMINS DE FER DE PAUL DUPONT,

RUE DE GRENELLE-SAINT-HONORÉ, 45, COUR DES FERMES. — 138 p.

CHEMINS DE FER DE L'EST ET DU NORD.

—

TARIFS COMMUNS

POUR

LES TRANSPORTS A GRANDE ET A PETITE VITESSE,

Soumis à l'homologation ministérielle.

—⟡—

RÉPARTITION.

—

5 FÉVRIER 1864.

—

Paris, imprimerie Paul Dupont, 45, rue de Grenelle-Saint-Honoré. — 178 p.

1*

CHEMINS DE FER DE L'EST ET DU NORD.

TARIFS COMMUNS.

TABLE DES MATIÈRES.

1° GRANDE VITESSE.

CHEMINS DE FER DU NORD, DE L'EST ET DE PARIS A LYON ET A LA MÉDITERRANÉE.

2° PETITE VITESSE.

CHEMINS DE FER DE L'EST, DU NORD ET DE L'OUEST.

CHEMINS DE FER DE L'EST, DU NORD ET D'ORLÉANS.

CHEMINS DE FER DE PARIS A LYON ET A LA MÉDITERRANÉE, DE L'EST ET DU NORD.

CHEMINS DE FER DE L'EST ET DU NORD.

TRANSPORTS A GRANDE VITESSE.

RÉPARTITION DES PRIX

du Tarif Commun Spécial G. V. n° 1.

DÉSIGNATION DES MARCHANDISES :

Articles de Messagerie, Denrées, Lait, Marchandises à grande vitesse, Finances, Valeurs, Objets d'art et Chiens.

PRIX DE TRANSPORT

Y compris les frais de chargement et de déchargement.

DE LA GARE DE PARIS (Nord) AUX STATIONS CI-APRÈS *et vice versâ.*	Distances en kilomètres.	ARTICLES DE MESSAGERIE, DENRÉES, LAIT et Marchandises à grande vitesse.						DENRÉES par expédition de 50 kil. au minimum — PRIX par 1,000 k. (1)	LAIT par expédition de 50 litres au minimum. — PRIX par 1,000 k.	FINANCES VALEURS et Objets d'art — PRIX par 1,000 f. indivisibles.	CHIENS. — PRIX par tête.
		De 0 à 5 kil.	AU-DESSUS DE 3 jusqu'à 5 kil.	jusqu'à 10	10 jusqu'à 20.	20 jusqu'à 30	30 jusqu'à 40	Au-dessus de 40 kil. par fraction indivisible de 10 kilog — PRIX par 1,000 k.				
Part du Chemin du NORD.												
Sermoize-Ciry.......... Braisne.............. Fismes.............. Jouchery.............	105	» 20	» 25	» 55	1 05	1 60	2 10	42 80	30 20	29 40	» 25	1 75
De *ou* pour les autres points..............	105	» 15	» 25	» 55	1 05	1 60	2 10	42 80	50 20	29 40	» 25	1 75
Part des Chemins de l'EST.												
Sermoize-Ciry..........	11	» 05	» 05	» 05	» 10	» 15	» 20	5 20	3 90	3 10	» 05	» 20
Braisne..............	17	» 05	» 05	» 05	» 15	» 25	» 35	7 60	5 55	4 75	» 05	» 50
Fismes..............	29	» 05	» 10	» 10	» 50	» 40	» 60	12 40	8 90	8 10	» 10	» 50
Jouchery.............	59	» 05	» 10	» 15	» 40	» 55	» 80	16 40	11 70	10 90	» 10	» 65
Muizon..............	47	» 10	» 15	» 20	» 45	» 70	» 95	19 60	15 95	15 15	» 15	» 80
Reims..............	55	» 10	» 15	» 25	» 55	» 80	1 10	22 80	16 20	15 40	» 15	» 95
Loivre..............	66	» 10	» 20	» 50	» 65	» 95	1 30	27 20	19 30	18 50	» 20	1 10
Guignicourt..........	76	» 10	» 20	» 55	» 75	1 10	1 50	51 20	22 10	21 50	» 20	1 50

(1) Les prix pour le transport du lait ne comprennent pas les frais de chargement et de déchargement, ces opérations étant à faire par soins et aux frais des expéditeurs et des destinataires.

ARTICLES DE MESSAGERIE, DENRÉES, LAIT et Marchandises à grande vitesse. (AU-DESSUS DE)

Part des Chemins de l'EST (Suite).

DE PARIS (Nord) aux STATIONS CI-APRÈS et vice versâ.	Distances en kilomètres.	De 0 à 3 kil.	3 jusqu'à 5 kil.	5 jusqu'à 10.	10 jusqu'à 20.	20 jusqu'à 30.	30 jusqu'à 40.	Au-dessus de 40 kil. par fraction indivisible de 10 kilog — PRIX par 1,000 k.	DENRÉES par expédition de 50 kil. au minimum — PRIX par 1,000 k. (1)	LAIT par expédition de 50 litres au minimum — PRIX par 1,000 k.	FINANCES, VALEURS et Objets d'art — PRIX par 1,000 f. indivisibles.	CHIENS — PRIX par tête.
Witry-lès-Reims	65	» 10	» 15	» 30	» 65	» 90	1 25	26 »	18 45	17 65	» 15	1 05
Bazancourt	72	» 10	» 20	» 35	» 70	1 05	1 45	29 60	20 95	20 15	» 20	1 20
Le Châtelet	85	» 15	» 20	» 40	» 85	1 20	1 65	34 »	24 05	23 25	» 20	1 40
Rethel	94	» 15	» 25	» 45	» 95	1 40	1 90	38 40	27 10	26 70	» 25	1 60
Amagne	102	» 15	» 25	» 50	1 »	1 50	2 05	41 60	29 55	28 55	» 25	1 75
Saulce-Monclin	111	» 15	» 30	» 55	1 10	1 65	2 20	45 20	31 90	31 10	» 30	1 90
Launois	119	» 20	» 30	» 55	1 20	1 75	2 40	48 40	34 10	33 50	» 30	2 »
Poix-Terron	127	» 20	» 35	» 60	1 25	1 90	2 55	51 60	36 55	35 55	» 35	2 15
Boulzicourt	134	» 20	» 35	» 65	1 35	2 »	2 70	54 40	38 50	37 50	» 35	2 25
Mohon	140	» 20	» 35	» 70	1 40	2 10	2 80	56 80	40 »	39 20	» 35	2 35
Mézières-Charleville	145	» 20	» 35	» 70	1 45	2 10	2 85	58 »	40 85	40 05	» 35	2 40
Nouzon	150	» 25	» 40	» 75	1 50	2 25	3 »	60 80	42 80	42 »	» 40	2 55
Braux	159	» 25	» 40	» 75	1 60	2 35	3 20	64 40	45 70	44 50	» 40	2 70
Monthermé	160	» 25	» 40	» 80	1 60	2 40	3 20	64 80	45 60	44 80	» 40	2 70
Deville	164	» 25	» 40	» 80	1 65	2 45	3 30	66 40	46 70	45 90	» 45	2 75
Revin	176	» 25	» 45	» 85	1 75	2 60	3 50	71 20	50 10	49 50	» 45	2 95
Fumay	185	» 30	» 45	» 90	1 85	2 70	3 65	74 »	52 05	51 25	» 50	3 10
Vireux	196	» 30	» 50	» 95	1 95	2 90	3 90	79 20	55 70	54 90	» 50	3 30
Givet	207	» 30	» 55	1 »	2 05	3 10	4 15	83 60	58 75	57 95	» 55	3 50
Nouvion-sur-Meuse	149	» 25	» 40	» 70	1 50	2 20	3 »	60 40	42 50	41 70	» 40	2 50
Donchery	155	» 25	» 40	» 75	1 55	2 30	3 10	62 80	44 20	43 40	» 40	2 60
Sedan	158	» 25	» 40	» 75	1 60	2 35	3 15	64 »	45 05	44 25	» 40	2 65
Bazeilles	165	» 25	» 45	» 80	1 65	2 45	3 30	66 80	47 »	46 20	» 45	2 80
Douzy	169	» 25	» 45	» 80	1 70	2 50	3 40	68 40	48 10	47 50	» 45	2 85
Pourru-Brevilly	172	» 25	» 45	» 85	1 70	2 55	3 45	69 60	48 95	48 15	» 45	2 90
Carignan	181	» 30	» 45	» 90	1 80	2 70	3 60	73 20	51 50	50 70	» 45	3 05
Margut	189	» 30	» 50	» 90	1 90	2 80	3 80	76 40	53 70	52 90	» 50	3 20
Lamouilly	195	» 30	» 50	» 95	1 95	2 90	3 90	78 80	55 40	54 60	» 50	3 30
Chauvency	202	» 30	» 50	1 »	2 »	3 »	4 05	81 60	57 55	56 55	» 50	3 40
Montmédy	208	» 30	» 55	1 »	2 10	3 10	4 15	84 »	59 05	58 25	» 55	3 50
Vezin	220	» 35	» 55	1 10	2 20	3 30	4 40	88 80	62 30	61 60	» 55	3 70
Longuyon	229	» 35	» 55	1 10	2 50	3 40	4 60	92 40	64 90	64 10	» 60	3 85
Cons-la-Grandville	259	» 35	» 60	1 15	2 40	3 55	4 80	96 40	67 70	66 90	» 60	4 05
Longwy	245	» 40	» 65	1 20	2 45	3 65	4 90	98 80	69 40	68 60	» 65	4 15
Pierrepont	257	» 35	» 60	1 15	2 35	3 55	4 75	95 60	67 15	66 55	» 60	4 »
Joppecourt	246	» 40	» 65	1 20	2 45	3 65	4 90	99 20	69 70	68 90	» 65	4 15
Audun-le-Roman	253	» 40	» 65	1 25	2 55	3 75	5 05	102 »	71 65	70 85	» 65	4 25
Fontoy	262	» 40	» 65	1 50	2 60	3 90	5 25	105 60	74 15	73 55	» 65	4 40
Hayange	269	» 40	» 70	1 50	2 70	4 »	5 40	108 40	76 40	75 50	» 70	4 55

(1) Les prix pour le transport du lait ne comprennent pas les frais de chargement et de déchargement, ces opérations étant à faire par les soins et aux frais des expéditeurs et des destinataires.

CHEMINS DE FER DE L'EST ET DU NORD.

TRANSPORTS A GRANDE VITESSE.

RÉPARTITION DES PRIX ET DES DÉLAIS

Du Tarif Commun Spécial G. V. n° 2.

DÉSIGNATION DES MARCHANDISES :
Marchandises en général.

PRIX DE TRANSPORT PAR 1,000 KILOGRAMMES DE GARE EN GARE,
Y compris les frais de chargement et de déchargement.

DE PARIS et vice versâ	DISTANCES.	PRIX.	DÉLAIS en JOURS non compris le jour de la remise et celui de la livraison à domicile.
Part du Chemin du NORD.			
REIMS	105	28 10	12 hres.
RETHEL	105	27 90	12 id.
MÉZIÈRES-CHARLEVILLE	105	28 05	1 jour.
SEDAN	105	28 10	1 id.
Part des Chemins de l'EST.			
REIMS	55	15 10	12 hres.
RETHEL	94	25 10	12 id.
MÉZIÈRES-CHARLEVILLE	145	37 95	1 jour.
SEDAN	158	41 90	1 id.

CHEMINS DE FER DE L'EST ET DU NORD.

TRANSPORTS A GRANDE VITESSE.

RÉPARTITION DES PRIX

Du Tarif Commun Spécial G. V. n° 3

POUR LE

Transport des Étalons impériaux, des Chevaux de course et de leurs Conducteurs,

entre la gare de PARIS (Nord)

ET CERTAINES STATIONS DÉSIGNÉES DES CHEMINS DE L'EST.

PRIX DE TRANSPORT.

STATIONS.	DISTANCES.	PRIX.
Part du Chemin du NORD.		
REIMS	105	11 75
MÉZIÈRES-CHARLEVILLE	105	11 75
SEDAN	105	11 75
CARIGNAN	105	11 75
MONTMÉDY	105	11 75
Part des Chemins de l'EST.		
REIMS	55	6 15
MÉZIÈRES-CHARLEVILLE	143	16 05
SEDAN	158	17 70
CARIGNAN	181	20 30
MONTMÉDY	208	23 30

CHEMINS DE FER DE L'EST ET DU NORD.

TRANSPORTS A GRANDE VITESSE.

RÉPARTITION DES PRIX

du Tarif Commun Spécial G. V. n° 4.

Chevaux, Mulets et Bestiaux.

PRIX DE TRANSPORT :

1° Chevaux et Mulets.

Entre la gare de Paris (La Chapelle) et les stations comprises entre Soissons et Givet, Soissons et Hayange inclus..................

Pour un wagon-écurie de 3 Chevaux ou Mulets au même propriétaire ... } 0 fr. 55 c. par kilomètre.

Pour une expédition de 6 Chevaux ou Mulets au même propriétaire... } 0 fr. 44 c. par écurie et par kilomètre.

Pour une expédition du 9 Chevaux ou Mulets et plus au même propriétaire............................. } 0 fr. 34 c. par écurie et par kilomètre.

2° Bestiaux.

Bœufs, Vaches, Taureaux, Veaux, Moutons, Brebis, Agneaux et Chèvres, par wagon complet et par kilomètre................\. 1 fr. 10 c.

Les frais accessoires de chargement et de déchargement, fixés ainsi qu'il suit, sont à partager par moitié entre les deux Compagnies :

Pour un wagon de 3 Chevaux ou Mulets..................:................ 3 fr.
Pour une expédition de 6 Chevaux ou Mulets............................. 6
Pour une expédition de 9 Chevaux ou Mulets............................. 9
Pour une expédition de Bestiaux....................................... 3

CHEMINS DE FER DE L'EST ET DU NORD.

TARNSPORTS A GRANDE VITESSE.

RÉPARTITION DES PRIX

du Tarif Commun Spécial G. V. n° 5.

DÉSIGNATION DES MARCHANDISES :

ANIMAUX, INSTRUMENTS ET PRODUITS

ENVOYÉS AUX CONCOURS AGRICOLES.

PRIX DE TRANSPORT :

1° Animaux.

Entre la gare de Paris (La Chapelle) et les stations comprises entre Soissons et Givet, Soissons et Hayange inclus.........	Chevaux, Bœufs, Vaches, Taureaux, Anes. Mulets et autres Bêtes de trait........	» fr. 112	par tête et par kilomètre.
	Veaux et Porcs.........................	» 0248	
	Moutons, Brebis. Agneaux et Chèvres...	» 0224	
	Bestiaux par wagon complet.............	» 55	par wagon et par kilomètre.

Les frais de chargement et de déchargement à percevoir en sus des prix ci-dessus, et fixés comme suit, sont à partager par moitié entre les deux Compagnies.

Bœufs, Vaches, Taureaux. Anes, Mulets et autres Bêtes de Trait....	1 fr. » c.	par tête.
Veaux et Porcs..	» 40	
Moutons, Brebis. Agneaux et Chèvres...............................	» 20	

Les animaux dont il n'est pas pris livraisons à l'arrivée sont mis en fourrière aux frais, risques et périls de qui de droit. Les frais de fourrière sont acquittés sur justification de dépenses.

2° Instruments et Produits.

Prix des Tarifs ordinaires réduits de moitié.

CHEMINS DE FER

DU NORD, DE L'EST ET DE PARIS A LYON ET A LA MÉDITERRANÉE.

TRANSPORTS A GRANDE VITESSE.

RÉPARTITION DES PRIX

du Tarif Commun G. V. n° 6

POUR LE TRANSPORT, EN VOITURES DE 3e CLASSE,

DES COLONS ET LEURS FAMILLES SE RENDANT EN ALGÉRIE,

MUNIS D'UN TITRE DE PROPRIÉTÉ.

DES STATIONS CI-APRÉS A MARSEILLE.	DISTANCES.	3e CLASSE.		EXCÉDANTS DE BAGAGES par 1.000 kil., frais de manutention compris.
		ADULTES.	ENFANTS DE 3 à 7 ANS.	
Part du Chemin de fer du NORD.				
ERQUELINES....	158	4 25	2 15	56 80
QUIÉVRAIN	163	5 »	2 50	66 80
MOUSCRON.	193	5 95	2 95	78 80
Part des Chemins de l'EST.				
LAON A GRAY	331	10 20	5 10	131 »
Part des Chemins de PARIS-LYON-MÉDITERRANÉE.				
GRAY a MARSEILLE	611	18 25	9 10	258 40

CHEMINS DE FER DE L'EST ET DU NORD.

TRANSPORTS A PETITE VITESSE.

TARIF COMMUN GÉNÉRAL P. V. N° 1

Pour le Transport des Marchandises en général

Entre la gare de PARIS (La Chapelle), REIMS, viâ SOISSONS.

RÉPARTITION DES PRIX.

DE LA GARE DE **PARIS (La Chapelle)** A LA GARE DE **REIMS** *et vice versâ.*	DISTANCES en KILOMÈTRES.	PRIX PAR 1,000 KILOG., DE GARE EN GARE, Y compris les frais de chargement, de déchargement et de gare, tant au départ et à l'arrivée qu'au point de jonction.					DÉLAIS EN JOURS, non compris le jour de la remise et celui de la livraison
		1re SÉRIE.	2e SÉRIE.	3e SÉRIE.	4e SÉRIE.	5e SÉRIE.	
		fr. c.	fr. c.	fr. c.	fr. c.	fr. c.	.
Part du Chemin du NORD.							
DE LA CHAPELLE A SOISSONS *et vice versâ.*	103	17 25	15 15	11 05	9 »	5 90	2
Part des Chemins de l'EST.							
DE SOISSONS A REIMS *et vice versâ.*	55	9 55	8 45	6 25	5 15	3 50	1

CHEMINS DE FER DE L'EST ET DU NORD.

TRANSPORTS A PETITE VITESSE.

RÉPARTITION DES PRIX

Du Tarif Commun Spécial P. V. n° 2.

Chevaux, Mulets et Bestiaux (Moutons exceptés).

Moutons par wagon complet ou en payant pour un wagon complet, s'il y a avantage pour l'Expéditeur. Et moutons excédant d'au moins un wagon.

PRIX DE TRANSPORT.

DE LA GARE DE **PARIS (La Chapelle)** A LA GARE DE **REIMS** *et vice versâ.*	PART DU CHEMIN DU NORD.		PART DES CHEMINS DE L'EST.	
	DISTANCES.	PRIX.	DISTANCES.	PRIX.
Par wagon de **Chevaux, Mulets et Bestiaux** (Moutons exceptés).............................	103	51 50	85	27 50
Par wagon de **Moutons**.......................	103	28 85	55	15 40
Par tête pour les **Moutons** excédant d'au moins un wagon..................................	103	2 05	55	1 10

CHEMINS DE FER DE L'EST ET DU NORD.

TRANSPORTS A PETITE VITESSE.

RÉPARTITION DES PRIX
Du Tarif Commun P. V. n° 3

POUR LE

TRANSPORT DES BESTIAUX PAR WAGON COMPLET

(Chevaux et moutons exceptés).

PRIX PAR WAGON COMPLET, DE GARE EN GARE.

PARCOURS.	DISTANCES.	PRIX par wagon DE GARE EN GARE.	
Part des Chemins de l'EST.			
LANGRES.............. (*vià Epernay*)........................	281	84	50
GRAY...................... d°........................	337	101	»
VEREUX................... d°........................	347	104	»
AUTET................... d°........................	353	106	»
VELLEXON................ d°........................	361	109	»
NOIDANS-LE-FERROUX...... d°........................	375	112	50
MONT-LE-VERNOIS......... d°........................	367	110	»
VAIVRE.................. d°........................	361	108	50
JUSSEY.................. d°........................	331	99	50
VESOUL.................. d°........................	366	110	»
LURE.................... d°........................	396	119	»
Part du Chemin du NORD.			
LE CATEAU..	87	35	»
LANDRECIES...	99	35	»
CAMBRAI...	104	36	40
ARRAS	167	50	05
DOUAI...	144	50	05
VALENCIENNES..	149	52	50
LILLE...	177	61	95
SAINT-OMER..	239	78	40

CHEMINS DE FER DE L'EST ET DU NORD.

TRANSPORTS A PETITE VITESSE.

RÉPARTITION DES PRIX

du Tarif Commun d'Exportation P. V. n° 4

POUR LE TRANSPORT

DES POMMES DE TERRE

Par wagon chargé d'au moins 10,000 kilogrammes ou en payant pour ce poids, s'il y a avantage pour l'Expéditeur.

Prix par 1,000 kilogrammes, de gare en gare,

Y compris les frais de gare, tant au départ et à l'arrivée qu'au point de jonction.

STATIONS.	DISTANCES.	PRIX.	STATIONS.	DISTANCES.	PRIX.
Part des Chemins de l'EST.					
Strasbourg	456	17 85	Novéant	311	12 85
Lunéville	510	13 15	Metz	303	12 50
Épinal	360	11 80	Remilly	322	13 30
Châtel-Nomexy	343	11 20	Herny	329	13 55
Charmes	335	13 80	Liverdun	271	11 25
Bayon	324	13 55	Fontenoy-sur-Moselle	262	10 90
Varangeville-Saint-Nicolas	299	12 55	Toul	255	10 50
Nancy	287	11 90	Vaucouleurs-Pagny	242	10 10
Frouard	278	11 50	Sorcy	256	9 85
Dieulouard	289	11 95	Commercy	228	9 50
Pont-à-Mousson	296	12 25	Vesoul	559	14 75
Pagny-sur-Moselle	306	12 65	Lure	580	13 95

Part du Chemin du NORD.

	STATIONS.	DISTANCES.	PRIX.
De LAON à	Dunkerque	259	
	Calais	280	
	Boulogne	311	10 75
	Saint-Valery	252	

CHEMINS DE FER DE L'EST ET DU NORD.

TRANSPORTS A PETITE VITESSE.

RÉPARTITION DES PRIX

Du Tarif Commun Spécial P. V. n° 5.

DÉSIGNATION DES MARCHANDISES :

Amidon. — Brai. — Colophane. — Eaux minérales. — Fécules indigènes. — Galipot. — Garance. — Garancine. — Glucose de fécule. — Gomme. — Orseille. — Mélasse. — Résine. — Sirop de fécule et Suif brut, quel que soit le poids de l'expédition.

Acides minéraux par wagon chargé d'au moins 4,000 kilogrammes ou en payant pour ce poids, s'il y a avantage pour l'expéditeur

PRIX DE TRANSPORT PAR 1,000 KILOG., DE GARE EN GARE,

Y compris les frais de chargement, de déchargement et de gare, tant au départ et à l'arrivée qu'aux points de jonction.

PARCOURS.	DISTANCES.	PRIX.
Part du Chemin du NORD.		
DE PARIS (La Chapelle) à SOISSONS..............................	103	4 85
Part des Chemins de l'EST.		
DE SOISSONS A REIMS..	55	3 »

CHEMINS DE FER DE L'EST ET DU NORD.

TRANSPORTS A PETITE VITESSE.

RÉPARTITION DES PRIX

du Tarif Commun Spécial P. V. n° 6

POUR LE TRANSPORT

DU SEL GEMME

Par wagon chargé d'au moins 5,000 kilogrammes ou en payant pour ce poids, s'il y a avantage pour l'Expéditeur.

Prix par 1,000 kilogrammes, de gare en gare,

Y compris les frais de chargement, de déchargement et de gare, tant au départ et à l'arrivée qu'au point de jonction.

STATIONS.	DISTANCES.	PRIX.	STATIONS.	DISTANCES.	PRIX.
1° TRANSPORTS PAR LAON.					
Part des Chemins de l'EST.					
Saint-Avold	380	11 20	Lunéville	325	10 45
Cocheren	364	11 60	Emberménil	341	10 95
Varangeville-Saint-Nicolas	305	9 85	Avricourt	350	11 20
Rosières-aux-Salines	340	10 »	Sarrebourg	371	11 85
Part du Chemin du NORD.					
Tergnier	29	1 55	Abbeville	232	7 65
Saint-Quentin	51	2 25	Montreuil	275	8 90
Caudry	88	3 35	Boulogne	311	10 05
Cambrai	104	3 80	Albert	203	6 80
Bouchain	118	4 25	Achiet	184	6 20
Lourches	121	4 35	Arras	167	5 70
Le Cateau	87	3 30	Lens	169	5 75
Landrecies	99	3 65	Béthune	188	6 35
Aulnoye	114	4 10	Douai	144	5 »
Maubeuge	126	4 50	Raismes	144	5 »
Erquelines	138	4 85	Valenciennes	149	5 15
Chauny	35	1 75	Quiévrain	163	5 60
Noyon	51	2 25	Lille	177	6 »
Compiègne	75	2 95	Roubaix	185	6 25
Pont-Sainte-Maxence	96	3 60	Tourcoing	188	6 35
Creil	108	3 95	Mouscron	193	6 50
Hermes	131	4 65	Armentières	192	6 45
Beauvais	145	5 05	Bailleul	204	6 80
Clermont	123	4 40	Hazebrouck	218	7 25
Saint-Just	137	4 80	Dunkerque	259	8 45
Breteuil	153	5 30	Saint-Omer	239	7 85
Amiens	188	6 35	Calais	280	9 10

STATIONS.	DISTANCES.	PRIX.	STATIONS.	DISTANCES.	PRIX.

3° TRANSPORTS PAR SOISSONS.

Part des Chemins de l'EST.

STATIONS.	DISTANCES.	PRIX.	STATIONS.	DISTANCES.	PRIX.
Saint-Avold	356	11 40	Lunéville	328	10 55
Cocheren	369	11 75	Emberménil	344	11 »
Varangeville-Saint-Nicolas	308	9 95	Avricourt	352	11 25
Rosières-aux-Salines	313	10 10	Sarrebourg	374	11 90

Part du Chemin du NORD.

STATIONS.	DISTANCES.	PRIX.	STATIONS.	DISTANCES.	PRIX.
Villers-Cotterets	27	1 50	Dammartin-Juilly	71	2 85
Crépy-en-Valois	44	2 »			

CHEMINS DE FER DE L'EST ET DU NORD.

TRANSPORTS A PETITE VITESSE.

RÉPARTITION DES PRIX
du Tarif Commun Spécial n° 7,

POUR LE TRANSPORT

DES SUCRES BRUTS, SUCRES CANDIS, SUCRES RAFFINÉS ET VERGEOISES,

1° En cadres, cages, caisses, barasses ou fûts, quel que soit le poids de l'expédition ;
2° En vrac, par wagon chargé d'au moins 4,000 kilog., ou payant pour ce poids s'il y a avantage pour l'expéditeur.

PRIX PAR 1,000 KILOGRAMMES, DE GARE EN GARE,
Y compris les frais de gare, tant au départ et à l'arrivée qu'aux points de jonction.

NOTA. — Pour les Sucres emballés, les prix comprennent également les frais de chargement et de déchargement.

DES STATIONS CI-CONTRE AUX STATIONS CI-APRÈS *et vice versâ.*	SAINT-QUENTIN.		CAMBRAI.		ARRAS.		DOUAI.		LILLE.		VALENCIENNES.	
	DIST.	PRIX.	DIST.	PRIX.	DIST.	PRIX.	DIST.	PRIX.	DIST.	PRIX.	DIST.	PRIX.
Part du Chemin du NORD.												
Reims................	51	6 05	104	11 35	167	15 25	144	12 »	177	15 25	149	12 »
Soissons..............	51	6 05	104	11 33	167	15 25	144	12 »	177	15 25	149	12 »
Réthel...............	51	6 05	104	11 35	167	13 65	144	12 »	177	13 65	149	12 »
Mézières-Charleville........												
Givet...............												
Sedan...............												
Carignan............	51	6 05	104	9 75	167	11 50	144	11 50	177	14 15	149	12 »
Montmédy............												
Longuyon............												
Thionville............												
Épernay.............												
Châlons-sur-Marne.......												
Vitry-le-Français........												
Saint-Dizier...........	51	6 05	104	11 35	167	15 25	144	12 »	177	15 25	149	12 »
Bar-le-Duc............												
Nançois-le-Petit........												
Commercy............												
Toul...............												
Uckange.............												
Metz...............	51	6 05	104	9 75	167	11 50	144	11 50	177	14 15	149	12 »
Saint-Avold...........												
Forbach.............												
Nancy...............	51	6 05	104	11 35	167	15 25	144	12 »	177	15 25	149	12 »
Pour tous les autres points...	51	6 05	104	11 35	167	15 25	144	15 25	177	18 65	149	15 85

DES STATIONS CI-CONTRE AUX STATIONS CI-APRÈS *et vice versâ*	SAINT-QUENTIN DIST.	PRIX.	CAMBRAI DIST.	PRIX.	ARRAS DIST.	PRIX.	DOUAI DIST.	PRIX.	LILLE DIST.	PRIX.	VALENCIENNES DIST.	PRIX.
Part des Chemins de l'EST.												
Reims	53	6 15	53	5 75	53	6 15	53	5 10	53	6 15	53	5 10
Soissons	107	11 65	107	10 15	107	11 65	107	9 50	107	11 65	107	9 50
Réthel	89	10 15	89	8 95	89	9 05	89	8 30	89	9 05	89	8 30
Mézières-Charleville	138	14 95	138	12 95	138	11 20	138	11 20	138	11 20	138	11 20
Givet	201	17 25	201	15 45	201	13 20	201	13 20	201	13 20	201	13 20
Sedan	153	16 45	153	14 15	153	12 40	153	12 40	153	12 40	153	12 40
Carignan	176	18 75	176	16 »	176	14 25	176	14 25	176	14 25	176	14 25
Montmédy	202	20 95	202	18 15	202	16 40	202	16 40	202	16 40	202	16 40
Longuyon	223	21 30	223	19 85	223	18 10	223	18 10	223	18 10	223	18 10
Thionville	272	22 85	272	22 40	272	21 75	272	20 65	272	20 65	272	20 15
Épernay	83	9 25	83	8 25	83	9 25	83	7 60	83	9 25	83	7 60
Châlons-sur-Marne	106	12 15	106	10 55	106	12 15	106	9 90	106	12 15	106	9 90
Vitry-le-Français	139	15 45	139	13 20	139	15 45	139	12 55	139	15 45	139	12 55
Saint-Dizier	168	18 35	168	18 »	168	18 35	168	17 35	168	18 35	168	17 35
Joinville	198	20 95	198	20 95	198	20 95	198	18 90	198	18 90	198	18 30
Donjeux	207	20 95	207	20 95	207	20 95	207	20 50	207	20 50	207	19 90
Bologne	227	21 90	227	21 90	227	21 90	227	21 90	227	21 90	227	21 90
Chaumont	240	23 10	240	23 10	240	23 10	240	23 10	240	23 10	240	23 10
Bar-le-Duc	187	20 55	187	17 10	187	20 35	187	16 45	187	20 35	187	16 45
Nançois-le-Petit	199	20 95	199	18 »	199	20 95	199	17 35	199	20 95	199	17 35
Commercy	228	22 »	228	20 30	228	22 »	228	19 65	228	22 »	228	19 65
Toul	253	24 25	253	22 30	253	24 25	253	21 65	253	24 25	253	21 65
Uckange	275	23 35	275	24 50	275	22 25	275	22 25	275	22 25	275	22 25
Metz	303	25 60	303	25 60	303	24 35	303	24 35	303	24 35	303	24 35
Saint-Avold	350	29 35	350	29 35	350	27 95	350	27 95	350	27 95	350	27 95
Forbach	370	30 85	370	30 85	370	29 35	370	29 35	370	29 35	370	29 35
Nancy	287	26 95	287	25 05	287	26 95	287	24 40	287	27 30	287	21 40
Charmes	335	28 25	335	28 25	335	28 25	335	28 25	335	28 25	335	28 25
Épinal	360	30 25	360	30 25	360	30 25	360	30 25	360	30 25	360	30 25
Lunéville	319	26 95	319	26 95	319	26 95	319	26 95	319	26 95	319	26 95
Sarrebourg	365	30 65	365	30 65	365	30 65	365	30 65	365	30 65	365	30 65
Saverne	392	32 80	392	32 80	392	32 80	392	32 80	392	32 80	392	32 80
Haguenau	448	37 25	448	37 25	448	37 25	448	37 25	448	37 25	448	37 25
Wissembourg	481	39 90	481	39 90	481	39 90	481	39 90	481	39 90	481	39 90
Strasbourg	436	36 30	436	36 30	436	36 30	436	36 30	436	36 30	436	36 30
Schlestadt	478	39 65	478	39 65	478	39 65	478	39 65	478	39 65	478	39 65
Colmar	501	41 50	501	41 50	501	41 50	501	41 50	501	41 50	501	41 50
Rouffach	497	41 20	497	41 20	497	41 20	497	41 20	497	41 20	497	41 20
Bollwiller	485	40 25	485	40 25	485	40 25	485	40 25	485	40 25	485	40 25
Cernay	483	40 05	483	40 05	483	40 05	483	40 05	483	40 05	483	40 05
Thann	488	40 45	488	40 45	488	40 45	488	40 45	488	40 45	488	40 45
Wesserling	501	41 50	501	41 50	501	41 50	501	41 50	501	41 50	501	41 50
Mulhouse	469	39 05	469	39 05	469	39 05	469	39 05	469	39 05	409	39 95
Bâle	502	41 60	502	41 60	502	41 60	502	41 60	502	41 60	502	41 60
Bar-sur-Aube	277	26 40	277	26 40	277	26 40	277	26 40	277	26 40	277	26 40
Jessains	287	27 30	287	27 30	287	27 30	287	27 30	287	27 30	287	27 30
Vendeuvre	298	27 95	298	27 95	298	27 95	298	27 95	298	27 95	298	27 95
Langres	275	26 20	275	26 20	275	26 20	275	26 20	275	26 20	275	26 20
Gray	331	27 90	331	27 90	331	26 20	331	26 20	331	26 20	331	26 20
Jussey	325	27 45	325	27 45	325	27 45	325	27 45	325	27 45	325	27 45
Vesoul	359	30 25	359	30 25	359	30 25	359	30 25	359	30 25	359	30 25
Lure	389	32 65	389	32 65	389	32 65	389	32 65	389	32 65	389	32 65
Belfort	421	35 10	421	35 10	421	35 10	421	35 10	421	35 10	421	35 10
Altkirch	453	37 65	453	37 65	453	37 65	453	37 65	453	37 65	453	37 65

Paris (La Chapelle) pour Reims			
	Nord	103	7 85
	Est	55	4 65

CHEMINS DE FER DE L'EST ET DU NORD.

TRANSPORTS A PETITE VITESSE.

RÉPARTITION DES PRIX

Du Tarif Commun P. V. n° 8

VIA PARIS ET LAON

POUR LE TRANSPORT

Des agglomérés de HOUILLE, CHARBON DE TERRE, de LA HOUILLE, du COKE et du COKE de Boghead,

Par wagon chargé d'au moins 10,000 kilogrammes, ou en payant pour ce poids s'il y a avantage pour l'expéditeur.

I° TRANSPORTS PAR PARIS.

PRIX PAR 1,000 KILOGRAMMES,

De gare en gare, y compris les frais de gare tant au départ et à l'arrivée qu'aux points de jonction.

STATIONS.	DISTANCES	PRIX.	STATIONS.	DISTANCES	PRIX.

Part du Chemin du NORD.

STATIONS.	DISTANCES	PRIX.	STATIONS.	DISTANCES	PRIX.
Saint-Valery	193		Nœux	224	
Douai	216		Béthune	229	
Pont-de-la-Deûle	219		Chocques	235	
Hénin-Liétard	219		Erquelines	239	
Lens	210		Valenciennes	249	
Bully-Grenay	218	7 80	Raismes	243	7 80
Quévy	233		Lillers	242	
Somain	228		Boulogne	252	
Lourches	222		Quiévrain	262	
Le Forest	223		Calais	325	
Carvin	230		Dunkerque	304	

Part du Chemin de CEINTURE.

	DISTANCES	PRIX.
Part du Chemin de CEINTURE	»	» 24

Part des Chemins de l'EST.

STATIONS.	DISTANCES	PRIX.	STATIONS.	DISTANCES	PRIX.
Gagny	13	1 26	Longueville	87	5 21
Chelles	18	1 66	Provins	94	5 21
Lagny-Thorigny	27	2 30	Les Ormes	98	5 21
Esbly	35	3 01	Vimpelles	102	5 31
Meaux	43	3 66	Châtenay	109	5 66
Trilport	49	4 11	Hermé	98	5 21
La Ferté-sous-Jouarre	64	5 06	Melz	104	5 41
Nanteuil-Saâcy	73	5 21	Nogent-sur-Seine	110	5 71
Nogent-l'Artaud	83	5 21	Pont-sur-Seine	118	6 11
Nogent-sur-Marne	15	1 41	Romilly	128	6 61
Emérainville-Pontault	26	2 31	Mesgrigny	140	7 21
Ozouer-la-Ferrière	32	2 76	Saint-Mesmin	146	7 51
Gretz-Armainvilliers	38	3 26	Payns	154	7 91
Tournan	40	3 41	Barberey	160	8 21
Mortcerf	55	4 36	Troyes	165	8 46
Coulommiers	71	5 21	Bar-sur-Seine	198	9 76
Ozouer-le-Voulgis	48	4 06	Rouilly-Saint-Loup	174	8 91
Verneuil-Chaumes	52	4 36	Lusigny	181	9 26
Mormant	58	4 51	Montiéramey	188	9 61
Nangis	69	4 51	Vendeuvre	198	9 76
Maison-Rouge	79	5 21	Jessains	209	10 16
			Bar-sur-Aube	220	10 36

2° TRANSPORTS PAR LAON.

PRIX PAR 1,000 KILOGRAMMES,

De gare en gare, y compris les frais de gare tant au départ et à l'arrivée qu'au point de jonction.

Part du Chemin du NORD.

STATIONS.	DIST.	PRIX.
Quévy	132	4 30
Lourches	122	
Somain	129	
Erquelines	138	
Raismes	144	5 »
Douai	144	
Valenciennes	150	
Pont-de-la-Deûle	147	
Le Forest	151	

STATIONS.	DIST.	PRIX.
Quiévrain	163	5 60
Carvin	158	
Hénin-Liétard	160	
Lens	169	
Bully	177	6 10
Nœux	183	
Béthune	188	

STATIONS.	DIST.	PRIX.
Chocques	194	6 10
Lillers	201	
Saint-Valery	252	7 80
Boulogne	311	
Dunkerque	281	
Calais	259	

Part des Chemins de l'EST.

STATIONS.	DIST.	PRIX.
Concy-les-Eppes	12	1 »
Saint-Erme	19	1 45
Guignicourt	31	2 20
Loivre	41	
Reims	53	
Muizon	61	3 15
Jonchery	69	
Fismes	79	
Braisne	91	3 75
Sermoise-Ciry	97	
Soissons	107	
Witry-lès-Reims	58	3 20
Bazancourt	67	
Le Châtelet	77	
Réthel	89	4 10
Amagne	97	
Saulces-Monclin	105	
Launois	114	
Poix-Terron	121	4 90
Boulzicourt	129	
Mohon	135	
Mézières-Charleville	138	
Nouzon	145	5 65
Braux	153	
Monthermé	155	
Deville	159	
Revin	171	6 05
Fumay	178	6 35
Vireux	191	6 80
Givet	201	7 15
Nouvion-sur-Meuse	143	5 10
Donchery	149	5 40
Sedan	153	
Bazeilles	160	5 65

STATIONS.	DIST.	PRIX.
Douzy	163	5 80
Pourru-Brévilly	167	5 90
Carignan	176	6 25
Margut	184	6 50
Lamouilly	190	6 75
Chauvency	197	6 95
Montmédy	202	7 20
Vezin	214	7 60
Longuyon	223	7 90
Cons-la-Granville	234	7 90
Longwy	239	7 90
Pierrepont	252	8 25
Joppécourt	241	8 50
Audun-le-Roman	248	8 80
Fontoy	256	9 05
Hayange	264	9 35
Thionville	272	9 60
Rilly-la-Montagne	64	2 75
Avenay	76	3 25
Ai	80	3 40
Épernay	83	3 50
Damery-Boursault	90	3 80
Châtillon-Port-à-Binson	98	4 10
Dormans	108	4 50
Varennes	118	4 90
Château-Thierry	130	5 40
Nogent-l'Artaud	141	5 85
Nanteuil-Saâcy	151	6 25
La Ferté-sous-Jouarre	159	6 55
Oiry-Avize	88	3 70
Mourmelon-le-Petit	80	3 40
Châlons-sur-Marne	106	4 45
Vitry-la-Ville	122	5 10
Loisy	133	5 50

STATIONS.	DIST.	PRIX.
Vitry-le-Français	139	5 75
Blesme-Haussignemont	151	6 25
Saint-Dizier	168	6 90
Eurville	179	7 35
Chevillon	187	7 70
Joinville	198	8 10
Donjeux	207	8 50
Vignory	219	8 95
Bologne	227	9 30
Chaumont	240	9 80
Bricon	248	10 10
Maranville	258	10 50
Clairvaux	264	10 75
Bar-sur-Aube	277	11 30
Jessains	287	11 70
Vendeuvre	298	12 10
Foulain	252	10 30
Rolampont	265	10 80
Langres	275	11 20
Chalindrey	286	11 65
Maâtz	299	12 15
Champlitte	312	12 70
Oyrières	321	13 05
Gray	331	13 45
Hortes	295	12 »
Charmoy-Fayl-Billot	302	12 30
La Ferté-Bourbonne	306	12 45
Vitrey	314	12 75
Jussey	325	13 20
Monthureux	332	13 50
Faverney	344	13 90
Conflans	355	14 35
Saint-Loup-Luxeuil	364	14 70
Aillevillers-Plombières	369	14 90

Part des Chemins de l'EST (Suite).

STATIONS.	DIST.	PRIX.	STATIONS.	DIST.	PRIX.	STATIONS.	DIST.	PRIX.
Bains	383	15 50	Sorcy	236	9 65	Avricourt	344	13 75
Xertigny	379	15 35	Vancouleurs-Pagny	242	9 90	Réchicourt-le-Château	347	14 »
Douxnoux	371	15 »	Foug	247	10 10	Héming	357	14 30
Port-d'Atelier	339	13 75	Toul	253	10 30	Sarrebourg	365	14 60
Port-sur-Saône	348	14 10	Fontenoy-sur-Moselle	262	10 70	Lutzelbourg-Phalsbourg	382	15 40
Vesoul	359	14 55	Liverdun	271	11 05	Saverne	392	15 70
Colombier	367	14 90	Frouard	278	11 30	Steinbourg	396	15 95
Creveney	373	15 10	Marbache	283	11 50	Dettwiller	400	16 10
Genevreuille	381	15 45	Dieulouard	289	11 75	Hochfelden	408	16 35
Lure	389	15 75	Pont-à-Mousson	296	12 05	Brumath	419	16 75
Ronchamp	400	16 20	Pagny-sur-Moselle	306	12 45	Strasbourg	436	17 40
Champagney	406	16 45	Novéant	311	12 65	Erstein	455	18 30
Bas-Evette	414	16 75	Ars-sur-Moselle	305	12 40	Benfeld	462	18 45
Belfort	421	17 05	Metz	303	12 30	Ebersheim	472	19 »
Chèvremont	427	17 30	Devant-les-Ponts	295	12 »	Schlestadt	478	19 15
Montreux-Vieux	435	17 60	Maizières	286	11 65	Saint-Hippolyte	484	19 35
Dannemarie	443	17 90	Hagondange	281	11 45	Ribeauvillé	488	19 35
Altkirch	453	18 30	Uckange	275	11 20	Bennwihr-Mittelwihr	494	19 85
Illfurth	460	18 60	Nancy	287	11 70	Colmar	501	20 »
Mulhouse	469	18 95	Varangeville-St-Nicolas	290	12 05	Herrlisheim	503	19 90
Pargny	159	6 55	Rosières-aux-Salines	304	12 25	Rouffach	497	19 90
Sermaize	165	6 80	Einvaux	317	12 80	Bollwiller	485	19 50
Révigny	172	7 10	Bayon	324	13 10	Lutterbach	473	19 10
Mussey	179	7 35	Charmes	335	13 50	Cernay	483	19 50
Bar-le-Duc	187	7 70	Châtel-Nomexy	345	14 »	Thann	488	19 70
Longeville	192	7 90	Epinal	360	14 60	Wesserling	501	20 25
Nançois-le-Petit	199	8 15	Blainville-la-Grande	309	12 45	Dornach	471	19 05
Loxéville	210	8 60	Lunéville	319	12 85	Sierentz	486	19 55
Lérouville	223	9 10	Marainvillers	327	13 20	Bartenheim	489	19 65
Commercy	228	9 30	Embermenil	335	13 45	Saint-Louis	497	20 05
						Bâle	502	20 20

RÉPARTITION DES PRIX

pour les stations situées entre SOISSONS et CRÉPY-EN-VALOIS inclusivement.

STATIONS DE DÉPART.	STATIONS DE DESTINATION.				
	BERZY.	LONGPONT.	VILLERS-COTTERETS.	VAUMOISE.	CRÉPY-EN-VALOIS.

Part du Chemin du NORD.

STATIONS DE DÉPART.	BERZY.	LONGPONT.	VILLERS-COTTERETS.	VAUMOISE.	CRÉPY-EN-VALOIS.
QUÉVY	4 50	4 85	5 25	5 60	5 85
ERQUELINES					
LOURCHES					
SOMAIN					
RAISMES	5 20	5 55	- 5 95	6 30	6 55
VALENCIENNES					
QUIÉVRAIN	5 80	6 15	6 55	6 90	7 15

Part des Chemins de l'EST.

STATIONS DE DÉPART.	BERZY.	LONGPONT.	VILLERS-COTTERETS.	VAUMOISE.	CRÉPY-EN-VALOIS.
DE TOUTES LES STATIONS	3 75	3 75	3 75	3 75	3 75

CHEMINS DE FER DE L'EST ET DU NORD.

RÉPARTITION DES PRIX

du Tarif Commun Spécial P. V. n° 9

POUR LE TRANSPORT

DES PERCHES DESTINÉES AUX HOUILLÈRES,

Par wagon chargé d'au moins 5,000 kilogrammes, ou en payant pour ce poids

s'il y a avantage pour l'Expéditeur.

PRIX DE TRANSPORT.

Les Perches destinées aux houillères, expédiées des diverses gares du chemin de fer de l'Est pour les points de provenance de la houille sur le chemin de fer du Nord seront transportées aux mêmes prix que la houille en destination de ces gares.

Voir pour ces prix, Tarif P. V. n° 8, pages 29 à 32.

CHEMINS DE FER DE L'EST ET DU NORD.

TRANSPORTS A PETITE VITESSE.

RÉPARTITION DES PRIX
du Tarif Commun Spécial P. V. n° 10.

DÉSIGNATION DES MARCHANDISES :

Pierres de taille brutes et légèrement ébauchées. — Pierres à macadam, Pavés,

Par wagon chargé d'au moins 5,000 kilogrammes, ou en payant pour ce poids, s'il y a avantage pour l'Expéditeur.

PRIX DE TRANSPORT

Par 1,000 kilogrammes, y compris les frais de gare, tant au départ et à l'arrivée qu'au point de jonction.

PARCOURS.	DISTANCES.		PRIX.	
	NORD.	EST.	NORD.	EST.
De la gare de **PARIS (La Chapelle)**....... .... à la gare de **REIMS,** et *vice versâ*...............................	103	55	3 75	2 20

CHEMINS DE FER DE L'EST ET DU NORD.

TRANSPORTS A PETITE VITESSE.

RÉPARTITION DES PRIX

du Tarif Commun Spécial P. V. n° 11,

POUR LE

Transport des PIERRES DE TAILLE brutes ou légèrement ébauchées,

Par wagon chargé d'au moins 5,000 kilogrammes ou en payant pour ce poids, s'il y a avantage pour l'Expéditeur.

PRIX DE TRANSPORT

Par 1,000 kilogrammes, de gare en gare, y compris les frais de gare, tant au départ et à l'arrivée qu'au point de jonction.

STATIONS.	DISTANCES.	PRIX.
Part des Chemins de l'EST.		
SAINT-DIZIER	174	5 45
EURVILLE	185	5 75
CHEVILLON	194	6 05
LÉROUVILLE	229	7 10
COMMERCY	231	7 20
MAIZIÈRES	286	9 »
COURCELLES	342	9 80
Part du Chemin du NORD.		
AMIENS	188	6 05
BOULOGNE	286	9 75
ARRAS	167	5 40
DOUAI	141	4 70
VALENCIENNES	149	4 85
LILLE { de Lérouville	177	5 40
LILLE { de Commercy	177	5 30
LILLE { des autres points	177	5 70
ARMENTIÈRES	192	6 20
HAZEBROUCK	218	6 95
DUNKERQUE	259	8 15
SAINT-OMER	239	7 55
CALAIS	280	8 80

CHEMINS DE FER DE L'EST ET DU NORD.

TRANSPORTS A PETITE VITESSE.

RÉPARTITION DES PRIX

du Tarif Commun Spécial P. V. n° 12.

DÉSIGNATION DES MARCHANDISES :

1° Boues. — Briques. — Cendres. — Déchets de boucherie. — Déchets de tannerie. — Engrais de mer. — Fumier. — Guano. — Minerai de fer. — Plâtre. — Poudrette solide. — Pyrites. — Tuiles et Tuyaux de drainage,

Par wagon chargé d'au moins 5,000 kilog., ou en payant pour ce poids, s'il y a avantage pour l'Expéditeur.

PRIX PAR 1,000 KILOGRAMMES,

Y compris les frais de gare, tant au départ et à l'arrivée qu'au point de jonction.

PARCOURS.	DISTANCES.		PRIX.	
	NORD.	EST.	NORD.	EST.
De la gare de **PARIS (La Chapelle)**............... à la gare de **REIMS**, et *vice versâ*	103	55	3 25	1 90

2° Poudrette ou Matières liquides renfermées dans des wagons-citernes fournis par les expéditeurs et contenant de 5 à 10 tonnes.

PARCOURS.	DISTANCES.		PRIX.	
	NORD.	EST.	NORD.	EST.
De la gare de **PARIS (La Chapelle)**............... à la gare de **REIMS**, et *vice versâ*	103	55	2 70	1 65

CHEMINS DE FER DE L'EST ET DU NORD.

TRANSPORTS A PETITE VITESSE.

RÉPARTITION · DES PRIX

du Tarif Commun Spécial P. V. n° 13.

DÉSIGNATION DES MARCHANDISES :

Alun en fûts. — Bois de teinture en bûches ou moulus. — Carbonate de potasse en fûts. — Carbonate de soude en fûts. — Chlorure de chaux en fûts. — Cristaux de soude. — Écorces à tan en bottes ou en sacs. — Frises en chêne ou en sapin. — Planches en lames ou frises pour parquets dont la longueur n'excède pas 6m 50. — Ocre en fûts. — Potasse. — Sel de potasse en fûts. — Sel de soude en fûts. — Soude en fûts. — Sulfate d'alumine en fûts. — Sulfate de potasse en fûts. — Sulfate d'ammoniaque en fûts. — Sulfate de fer en fûts. — Sulfate de soude en fûts et Tan.

Par wagon chargé d'au moins 5,000 kilog., ou en payant pour ce poids s'il y a avantage pour l'expéditeur.

PRIX PAR 1,000 KILOGRAMMES,

Y compris les frais de chargement, de déchargement et de gare, tant au départ et à l'arrivée qu'au point de jonction.

PARCOURS.	DISTANCES.		PRIX.	
	NORD.	EST.	NORD.	EST.
De la gare de **PARIS (La Chapelle)**............................ à la gare de **REIMS** et *vice versâ*............................	103	55	6 95	4 05

CHEMINS DE FER DE L'EST ET DU NORD.

TRANSPORTS A PETITE VITESSE.

RÉPARTITION DES PRIX

Du Tarif Commun Spécial P. V. n° 14.

DÉSIGNATION DES MARCHANDISES.

Première Série.

Bouclerie fine emballée.
Casserie en caisses ou en cages, Clous de zinc en paniers ou en tonneaux.
Fontes d'ornement en vrac et qui, par leurs dimensions, ne peuvent pas être mises en Caisses, telles que :

Colonnes ornées, Croix, Candélabres, Pièces de fontaines monumentales et Pompes montées.

Lits en fer et en fonte non décorés.
Modèles en bois ou en plâtre.
Ouvrages en fer battu.
Quincaillerie (grosse) en caisses ou en tonneaux, par expédition d'au moins 390 kilogrammes.
Serrures.
Taillerie en caisses.

Deuxième Série.

Acier brut, Agrès de marine, Alquifoux, Ancres de marine, Axes coudés ou droits.
Bandages de roues; Blanc de zinc, Bouclerie (grosse) emballée, Boulons, Bronze en lingots.
Câbles en fer, Cercles en fer, Chaînes en fer, Chevillettes, Clous en sacs et en tonneaux, Coins en fer, Cornières en fer, Crics, Cuivre brut en barres, en lingots et en planches, Cuivre de doublage.
Enclumes, Essieux montés ou non montés, Etain non ouvré, Etaux,
Fer-blanc en caisses ou en fer, Fer circulaire servant à la fabrication du fil de fer, Ferronnerie en caisses, en cages ou en paniers, Fers ébauchés au marteau, Fers en barres et en feuilles, Fils de cuivre, de fer, de laiton et de zinc, Fontes moulées et d'ornement, en caisses, cages ou paniers, Fontes moulées et d'ornement dont la désignation suit, expédiés en vrac :

Appareils chimiques, Balanciers de pompes, Barreaux de grilles, Boîtes de roues, Boîtes à graisse, Bornes et Bornes-fontaines, Bouches de four, Boules, Boulets, Caniveaux, Chaudières (grandes) non montées, Cloches de calorifères, Colonnes pleines sans ornements, Contre-poids, Corps de pompes, Foyers mobiles, Gargouilles pour trottoirs, Mortiers, Moyeux, Pièces de ponts, Pots ronds pour produits chimiques, Pièces de machines (telles que : Volants, Poulies, Bâtes et Roues d'engrenage de plus de 0^m50 de diamètre), Plaques de foyers, Poids d'horloges et à peser, de deux kilogrammes et au-dessus, Tuyères de forges, Vases et Coupes ordinaires pour jardins, de 5 kilog. pièce et au-dessus.

Laiton en barres, en feuilles et en saumons, Lames de scies (grosses), Leviers.
Plomb brut, laminé et en tuyaux, Pièces de charrues, Pointes en tonneaux ou en caisses, Poêlerie en bances.
Régules d'antimoine, Ressorts de voitures et de wagons, Rivets, Roues de wagons en fer et en fonte.
Tôles, Tubes en cuivre, en fer et en fonte, Tuyaux en cuivre, en fonte, en plomb, en tôle et en zinc.
Vis à bois en tonneaux,
Zinc en feuilles, en plaques et en saumons.

Troisième Série.

Fers bruts, puddlés ou en massiaux, Ferraille, Fer riblon, Fontes brutes en gueuses, massiaux, sapots ou saumons, Fonte vieille hors de service.
Minerais de cuivre, d'étain et de plomb, Mitraille de fer et de fonte.
Pièces brisées en retour.

PRIX PAR 1,000 KILOGRAMMES.

Y compris les frais de chargement, de déchargement et de gare, tant au départ et à l'arrivée qu'au point de jonction.

PARCOURS.	DISTANCES.		PRIX.					
			1re SÉRIE.		2e SÉRIE.		3e SÉRIE.	
	NORD.	EST.	NORD.	EST.	NORD.	EST.	NORD.	EST.
De la gare de **PARIS** (La Chapelle) à la gare de **REIMS**, *et vice versâ.*	105	55	8 70	4 95	6 65	3 85	4 55	2 75

CHEMINS DE FER DE L'EST ET DU NORD.

TRANSPORTS A PETITE VITESSE.

RÉPARTITION DES PRIX

du Tarif Commun P. V. n° 15.

DÉSIGNATION DES MARCHANDISES :

Première Série.

Bouclerie emballée.
Casseries en caisses ou en cages, Clous de zinc en paniers ou en tonneaux.
Fontes d'ornement en vrac et qui, par leurs dimensions, ne peuvent pas être mises en caisses, telles que :

Colonnes ornées, Croix, Candélabres, Pièces de fontaines monumentales et Pompes montées.

Lits en fers et en fonte non décorés.
Modèles en bois ou en plâtre.
Ouvrages en fer battu.
Quincaillerie (grosse) en caisses ou en tonneaux, par expédition d'au moins 300 kilog. ou en payant pour ce poids.
Serrures.
Taillanderie en caisses. Tôle.

Deuxième Série.

Accessoires de la voie, Acier brut, Agrès de marine, Alquifoux, Ancres de marine, Axes coudés ou droits.
Bandages de roues, Blanc de zinc, Boulons, Bronze en lingots.
Câbles en fer, Cercles en fer, Chaînes en fer, Chevillettes en barils, Clous en tonneaux et en sacs, Coins en fer, Cornières en fer, Coussinets pour rails, Crics, Cuivre brut en barres, en lingots et en planches, Cuivre de doublage.
Eclisses de rails, Enclumes, Essieux montés ou non montés, Etain non ouvré, Etaux.
Fer-blanc en caisses ou en cages, Fer circulaire servant à la fabrication du fil de fer, Ferraille, Fer riblon.
Ferronnerie en caisses, en cages ou en paniers, Fers bruts puddlés ou en massiaux. Fers ébauchés au marteau, Fers en barres et en feuilles, Fils de cuivre, de fer, de laiton et de zinc, Fontes brutes en gueuses, massiaux, sapots ou saumons, Fontes moulées et d'ornement, en caisses, cages ou paniers, Fontes moulées et d'ornement dont la désignation suit, expédiés en vrac :

Appareils chimiques, Balanciers de pompes, Barreaux de grilles, Boîtes de roues, Boîtes à graisse, Bornes et Bornes-fontaines, Bouches de four, Boues, Boulets, Caniveaux, Chaudières (grandes) non montées, Cloches de calorifères, Colonnes pleines sans ornements, Contre-poids, Corps de pompes, Foyers mobiles, Gargouilles pour trottoirs, Mortiers, Moyeux, Pièces de ponts, Pots, ronds pour produits chimiques, Pièces de machines (telles que : Volants, Poulies, Bâtes et Roues d'engrenage de plus de 0.50 de diamètre), Plaques de foyers, Poids d'horloges et à peser, de deux kilogrammes et au-dessus, Tuyères de forges, Vases et Coupes ordinaires pour jardins, de 5 kilog. pièce et au-dessus.

Fontes vieilles hors de service.
Laiton en saumons, en barres et en feuilles, Lames de scies (grosses), Leviers.
Minerais de cuivre, d'étain, de fer et de plomb, Mitraille de fer et de fonte.
Plomb brut, laminé et en tuyaux, Pièces de charrues, Pointes en tonneaux ou en caisses, Poêlerie en bannes.
Rails, Régule d'antimoine, Ressorts de voitures et de wagons, Rivets, Roues de wagons en fer et en fonte.
Tôle en cadres ou en caisses, Tôles en vrac par wagon chargé d'au moins 5,000 kilog. ou en payant pour ce poids, Tubes en cuivre, en fer et en fonte, Tuyaux en cuivre, en fonte, en plomb, en tôle et en zinc.
Vis à bois en tonneaux.
Zinc en feuilles, en plaques et en saumons.

Troisième Série.

Accessoires de la voie, par wagon chargé d'au moins 5,000 kilog. ou en payant pour ce poids.
Chevillettes en barils, par wagon chargé d'au moins 5,000 kilog. ou en payant pour ce poids.
Coussinets pour rails, par wagon chargé d'au moins 5,000 kilog. ou en payant pour ce poids.
Eclisses pour rails, par wagon chargé d'au moins 5,000 kilog. ou en payant pour ce poids.
Minerais de cuivre, d'étain et de plomb, par wagon chargé d'au moins 5,000 kilog. ou en payant pour ce poids.
Projectiles
Rails, par wagon chargé d'au moins 5,000 kilog. ou en payant pour ce poids.

Quatrième Série.

Fers bruts, puddlés ou en massiaux, par wagon chargé d'au moins 5,000 kilog. ou en payant pour ce poids, Ferraille par wagon chargé d'au moins 5,000 kilog. ou en payant pour ce poids, Fer riblon, par wagon chargé d'au moins 5,000 kilog. ou en payant pour ce poids, Fontes brutes en gueuses, massiaux, sapots ou saumons, par wagon chargé d'au moins 5,000 kilog. ou en payant pour ce poids, Fonte vieille hors de service, par wagon chargé d'au moins 5,000 kilog. ou en payant pour ce poids.
Minerai de fer, par wagon chargé d'au moins 5,000 kilog. ou en payant pour ce poids, Mitraille de fer et de fonte, par wagon chargé d'au moins 5,000 kilog. ou en payant pour ce poids.
Pièces brisées en retour.

1° Transports par PARIS.

STATIONS DE PROVENANCE OU DE DESTINATION.	DISTANCES.	1re SÉRIE.	2e SÉRIE.	3e SÉRIE.	4e SÉRIE.
Part du Chemin du NORD.					
Chauny	122	11 91	8 21	7 01	4 76
Compiègne	82	8 21	6 51	5 51	4 01
Creil	49	4 01	4 41	3 61	3 01
Senlis	52	5 21	4 61	3 81	3 31
Beauvais	86	8 61	6 71	5 51	5 01
Noyon	106	10 61	7 61	6 41	5 01
Clermont	64	8 01	6 51	4 06	3 46
Breteuil	94				
Amiens	129	9 56	6 91	4 76	3 81
Abbeville	173	13 36	9 16	7 16	6 96
Saint-Valéry	193				
Douai	216	21 11	10 96	10 01	8 26
Arras	190	16 01	10 21	8 36	6 51
Albert	154	13 21	8 61	7 06	5 51
Lille	249	23 41	12 91	10 01	9 01
Mouscron	265	24 61	13 06	10 01	9 01
Armentières	264				
Béthune	229	22 »	12 91	10 01	8 46
Hazebrouck	263	24 71	12 91	10 01	9 01
Dunkerque	304				
Saint-Omer	283				
Calais	325				
Boulogne	252	19 26	11 46	8 46	7 16
Part du Chemin de CEINTURE.					
De ou pour tous les points	3	» 54	» 54	» 54	» 54
Part des chemins de l'EST.					
Bologne	270	22 50	12 90	11 70	9 »
Colmar	554	45 40	22 15	22 15	16 85
Bollwiller	506	41 40	21 15	21 15	16 10
Thann	509	41 60	21 25	21 25	16 15
Wesserling	524	42 60	21 75	21 75	16 55
Mulhouse	490	40 10	20 50	20 50	15 60
Bâle	525	42 75	21 80	21 80	16 50
Vendeuvre	198	16 75	10 80	8 80	6 85
Bar-sur-Aube	220	18 50	11 90	9 70	7 50
Clairvaux	233	19 55	12 55	10 20	7 90
Gray	552	29 05	15 »	15 »	11 45
Belfort	442	36 25	18 60	18 60	14 15

2° Transports par LAON.

Part du Chemin du NORD.

STATIONS DE PROVENANCE OU DE DESTINATION.	DISTANCES.	1re SÉRIE.	2e SÉRIE.	3e SÉRIE.	4e SÉRIE.
La Fère	23	3 40	3 »	2 70	2 40
Tergnier	29				
Chauny	33	4 »	3 50	2 80	2 50
Compiègne	75	7 60	6 20	5 15	4 85
Creil	108	10 80	7 80	6 40	5 05
Senlis	130	12 20	8 50	7 »	5 70
Beauvais	145	14 50	9 70	7 90	6 55
Saint-Quentin et Noyon	51	7 40	4 60	3 80	3 50
Cambrai	104	10 40	7 50	6 30	4 60
Landrecies	99				
Aulnoye (1)	114				
Haumont (1)	122				
Gare des usines (1)	125				
Maubeuge (1)	126	12 60	8 70	7 »	4 65
Quévy (1)	132				
Jeumont (1)	136				
Erquelines (1)	138				
Clermont	123				
Breteuil	155	10 90	7 90	6 50	5 50
Amiens	188				
Abbeville (2)	232	15 80	10 70	8 70	8 25
Saint-Valéry (2)	252				
Somain	129	12 90	8 90	7 »	5 10
Doual	144				
Arras	167	14 30	9 60	7 50	6 »
Albert	203				
Valenciennes	149				
Blanc-Miseron	161	14 90	9 90	8 »	5 40
Quiévrain	163				
Lille	177	17 70	11 10	9 »	7 »
Mouscron	193				
Béthune	188	19 »	11 70	9 50	7 50
Armentières	192				
Hazebrouck (3)	218				
Dunkerque (3)	259				
Saint-Omer (3)	239	21 70	13 »	10 »	8 45
Calais (3)	280				
Boulogne (3)	311				

EXCEPTIONS.

(1) Pour les expéditions entre Aulnoye, Haumont, gare des usines, Maubeuge, Quévy, Jeumont, Erquelines et Mézières-Charleville.	»	» »	8 20	» »	» »
(2) Pour les expéditions entre Abbeville, St-Valéry et St-Dizier...	»	» »	» »	» »	7 45
(3) Pour les expéditions entre les stations de Hazebrouck, Dunkerque, Saint-Omer, Calais, Boulogne et les stations suivantes :					
Saint-Dizier	»	» »	» »	» »	7 45
Eurville	»	» »	» »	» »	8 25

Part des Chemins de l'EST.

STATIONS DE PROVENANCE OU DE DESTINATION.	DISTANCES.	1re SÉRIE.	2e SÉRIE.	3e SÉRIE.	4e SÉRIE.
Reims	55	5 45	4 40	2 80	2 30
Rethel	89	8 70	6 70	4 25	3 35
Boulzicourt	129	12 30	8 20	5 85	4 55
Mohon	135	12 70	8 20	6 10	4 75
Mézières-Charleville	138	12 70	8 20	6 20	4 85
Nouzon	145	12 70	8 20	6 50	5 05
Braux	153	12 95	8 35	6 80	5 30
Monthermé	155	13 10	8 45	6 90	5 35
Deville	159	13 40	8 65	7 05	5 45
Revin	171	14 40	9 25	7 55	5 85
Fumay	178	14 95	9 60	7 80	6 05
Vireux	191	16 »	10 25	8 35	6 45
Givet	201	16 80	10 75	8 75	6 75
Nouvion-sur-Meuse	145	12 70	8 20	6 40	5 »
Donchéry	149	12 70	8 20	6 65	5 15
Sedan	153	12 95	8 35	6 80	5 30
Bazeilles	160	13 50	8 70	7 10	5 50
Douzy	163	13 75	8 85	7 20	5 60
Pourru-Brévilly	167	14 05	9 05	7 40	5 70
Carignan	176	14 80	9 50	7 75	6 »
Margut	184	15 40	9 90	8 05	6 20
Lamouilly	190	15 90	10 20	8 30	6 40
Chauvency	197	16 45	10 55	8 60	6 60
Montmédy	202	16 85	10 80	8 80	6 75
Vézin	214	17 80	11 40	9 25	7 10
Longuyon	225	18 55	11 85	9 60	7 40
Cons-la-Granville	234	19 40	12 40	10 05	7 70
Longwy	239	19 80	12 65	10 25	7 85
Pierrepont	232	19 25	12 30	10 »	7 65
Joppécourt	241	20 »	12 70	10 55	7 95
Audun-le-Roman	248	20 55	12 70	10 60	8 15
Fontoy	256	21 20	12 70	10 95	8 40
Hayange	264	21 80	12 70	11 25	8 60
Thionville	272	22 45	12 70	11 60	8 85
Châlons-sur-Marne	106	10 25	7 05	4 95	3 90
Saint-Dizier	168	14 15	9 10	7 40	5 75
Eurville	179	15 »	9 65	7 85	6 05
Chevillon	187	15 65	10 05	8 20	6 30
Joinville	198	16 55	10 60	8 60	6 65
Donjeux	207	17 25	11 05	9 »	6 90
Vignory	219	18 20	11 65	9 45	7 25
Bologne	227	18 85	12 05	9 80	7 50
Sermaize	165	13 90	8 95	7 30	5 65
Révigny	172	14 45	9 30	7 60	5 85
Mussey	179	15 »	9 65	7 85	6 05
Bar-le-Duc	187	15 65	10 05	8 20	6 30
Nançois-le-Petit	199	16 60	10 65	8 65	6 65
Commercy	228	18 95	12 10	9 80	7 55
Vaucouleurs-Pagny	242	20 05	12 70	10 40	7 95
Toul	255	20 95	12 70	10 80	8 30
Liverdun	271	22 40	12 70	11 55	8 85
Frouard	278	22 95	12 70	11 80	9 05
Pont-à-Mousson	296	24 40	12 70	12 55	9 60
Novéant	311	25 60	13 15	13 15	10 05
Ars-sur-Moselle	305	25 10	12 90	12 90	9 85
Metz	303	24 95	12 80	12 80	9 80
Hagondange	281	23 20	12 70	11 95	9 15
Ebange	272	22 45	12 70	11 60	8 85
Front. (Guil.-Luxemb.)	288	23 75	12 70	12 20	9 35
Hombourg	337	29 25	15 »	15 »	11 40
Styring-Wendel	372	30 45	15 60	15 60	11 85
Nancy	287	25 65	12 70	12 20	9 30
Xertigny	•370	51 »	15 85	15 85	12 05
Bains	383	51 35	16 »	16 »	12 20
Sarrebourg	365	29 90	15 30	15 30	11 65
Saverne	392	32 05	16 40	16 40	12 45
Haguenau	448	36 55	18 60	18 60	14 15
Wissembourg	481	39 20	19 95	19 95	15 15
Strasbourg	436	35 60	18 15	18 15	13 80
Schlestadt	478	38 95	19 80	19 80	15 05
Colmar	501	40 80	20 75	20 75	15 75
Dollwiller	485	39 80	20 10	20 10	15 25
Thann	488	39 75	20 20	20 20	15 35
Wesserling	501	40 80	20 75	20 75	15 75
Mulhouse	469	38 20	19 45	19 45	14 75
Bâle	502	40 85	20 80	20 80	15 75
Vendeuvre	298	24 55	12 70	12 60	9 65
Bar-sur-Aube	277	22 85	12 70	11 80	9 »
Clairvaux	264	21 80	12 70	11 25	8 60
Gray	331	27 20	13 95	13 95	10 65
Belfort	421	34 40	17 55	17 55	13 35

CHEMINS DE FER DE L'EST ET DU NORD.

TRANSPORTS A PETITE VITESSE

RÉPARTITION DES PRIX

du Tarif Commun Spécial P. V. n° 16

POUR LE TRANSPORT

DES CARREAUX DE MEULES

Par wagon chargé d'au moins 5,000 kilogrammes, ou en payant pour ce poids, s'il y a avantage pour l'Expéditeur.

Prix par 1,000 kilogrammes, de gare en gare,

Y compris les frais de gare, tant au départ et à l'arrivée qu'au point de jonction.

	DISTANCES.	PRIX.	
Part des Chemins de l'EST.			
LA FERTÉ-SOUS-JOUARRE............................	64	3	16
Part du Chemin de CEINTURE.			
De ou pour tous les Points........................	3	»	24
Part du Chemin du NORD.			
LILLE..	250		
DUNKERQUE...	332		
CALAIS...	353	7	20
SAINT-VALÉRY......................................	193		
BOULOGNE..	252		

CHEMINS DE FER DE L'EST ET DU NORD.

TRANSPORTS A PETITE VITESSE

RÉPARTITION DES PRIX

Du Tarif Commun Spécial P. V. n° 17.

DÉSIGNATION DES MARCHANDISES :

Ardoises pour toiture. — Argile. — Asphalte. — Baryte. — Betteraves. — Bitumes solides. — Blanc d'Espagne, de Meudon et de Troyes. — Bois à brûler. — Bois de charpente. — Bondes. — Bourrées. — Cadres pour emballages, démontés ou vides. — Cailloux. — Caisses démontées ou vides. — Calcaire asphaltique en moellons. — Carreaux en terre cuite. — Castine.— Cercles en bois. — Chaux en sacs ou en tonneaux. — Chevrons. — Ciment. — Clappes. — Coins en bois. — Cotrets. — Craie. — Cuviers en bois. — Dalles de granit. — Dalles de pierres. — Déchets de cornes ou d'os. — Déchets de cuir. — Déchets de peaux. — Douelles. — Douves. — Echalas. — Ecorces à brûler. — Escarbilles. — Fagots. — Feuilles pour engrais. — Foin. — Foudres démontés ou vides. — Fourrages secs. — Fourrages verts. — Fûts vides. — Glace (eau congelée). — Goudron. — Granit. — Gravier. — Groisil. — Kaolin. — Lattes. — Madriers. — Manganèse. — Marne. — Matériaux pour la construction et l'entretien des routes. — Mâts. — Merrains. — Meulières. — Moellons. — Mottes à brûler. — Noir animal en sacs. — Os bruts en sacs. — Os concassés en sacs. — Os en poudre. — Osier. — Pailles non dénommées. — Perches. — Phosphate de chaux pour engrais. — Pierres à chaux. — Pipes (fûts) démontées ou vides. — Planches en bois. — Pommes de terre. — Poteaux en bois. — Poussier de charbon. — Poutres en bois. — Poutrelles en bois. — Pouzzolane. — Pulpes de betteraves. — Quartz. — Racines à brûler. — Résidus de betteraves. — Rognures de cuir. — Rondins. — Sable. — Sabots de bétail. — Sarments — Sciure de bois. — Scories ou résidus d'usines métallurgiques. — Solives. — Souches à brûler. — Spath fluor. — Sulfate de baryte. — Terre à pipe. — Terre à poterie. — Terre de bruyère. — Terre réfractaire. — Terre végétale. — Tonneaux démontés ou vides. — Tourbe. — Tourteaux. — Traverses pour chemins de fer. — Treillages en bois. — Verres cassés. — Vieilles chaussures. — Voliges.

Par wagon chargé d'au moins 5,000 kilogrammes ou payant pour ce poids, s'il y a avantage pour l'expéditeur.

PRIX DE TRANSPORT PAR 1,000 KILOG , DE GARE EN GARE,

Y compris les frais de gare, tant au départ et à l'arrivée qu'au point de jonction.

PARCOURS.	DISTANCES.		PRIX.	
	NORD.	EST.	NORD.	EST.
De la gare de **PARIS (La Chapelle)** à la gare de **REIMS,** *et vice versd.*	103	55	5 20	3 10

CHEMINS DE FER DE L'EST ET DU NORD.

RÉPARTITION DES PRIX

Du Tarif Commun Spécial P. V. n° 18

POUR LE

TRANSPORT DES ARDOISES

PAR WAGON CHARGÉ D'AU MOINS 5,000 KILOGRAMMES, OU EN PAYANT POUR CE POIDS
S'IL Y A AVANTAGE POUR L'EXPÉDITEUR.

PRIX PAR 1,000 KILOGRAMMES, DE GARE EN GARE,

Y compris les frais de gare, tant au départ et à l'arrivée qu'aux points de jonction.

Part du Chemin du NORD.

PARCOURS.	DISTANCES	PRIX.	PARCOURS.	DISTANCES	PRIX.
PAR SOISSONS.			Beauvais...	145	6 20
Villers-Cotterets...	27	1 50	Beaumont...	129	5 55
Crépy-en-Valois...	44	2 15	Ile-Adam...	136	5 85
Dammartin-Juilly...	71	3 25	Chantilly...	117	5 10
Saint-Denis...	108	4 70	Senlis...	155	6 60
Enghien...	113	4 90	Luzarches...	129	5 55
Pontoise...	130	5 60	Clermont...	123	5 30
Anvers...	135	5 80	Saint-Just...	137	5 90
Pierrefite...	112	4 90	Breteuil...	155	6 50
Villiers-le-Bel...	116	5 05	Amiens...	188	7 90
Louvres...	125	5 40	Hangest...	209	8 »
PAR LAON.			Abbeville...	232	8 »
Tergnier...	29	1 55	Saint-Valery...	252	8 »
Saint-Quentin...	51	2 45	Boulogne...	311	8 »
Busigny...	78	3 50	Corbie...	197	8 »
Cambrai...	101	4 55	Albert...	203	8 »
Le Château...	87	3 90	Achiet...	184	7 75
Maubeuge...	126	5 45	Arras...	167	7 10
Erquelines...	138	5 90	Béthune...	188	7 90
Chauny...	35	1 80	Douai...	111	6 15
Noyon...	51	2 45	Somain...	129	5 55
Ribecourt...	61	2 85	Valenciennes...	149	6 35
Compiègne...	75	3 40	Lille...	177	7 50
Verberie...	87	3 90	Mouscron...	193	8 »
Pont-Sainte-Maxence...	96	4 25	Hazebrouck...	218	8 »
Creil...	108	4 70	Dunkerque...	259	8 »
Mouy-Bury...	124	5 35	Saint-Omer...	259	8 »
			Calais...	280	8 »

Part des Chemins de l'EST.

PAR SOISSONS.	DISTANCES	PRIX.	PAR LAON.	DISTANCES	PRIX.
Mézières-Charleville...	145	6 10	Mézières-Charleville...	138	5 90
Deville...	164	6 40	Deville...	159	6 40
Fumay...	183	6 40	Fumay...	178	6 40
Vireux...	196	6 40	Vireux...	191	6 40
Sedan...	158	6 40	Sedan...	153	6 40

CHEMINS DE FER DE L'EST ET DU NORD.

TRANSPORTS A PETITE VITESSE.

RÉPARTITION DES PRIX

du Tarif Commun Spécial P. V. n° 19

POUR LE TRANSPORT

DES MACHINES ET DES MÉCANIQUES EN CAISSES

Par wagon chargé d'au moins 5,000 kilogrammes, ou payant pour ce poids s'il y a avantage pour l'Expéditeur.

Prix par 1,000 kilogrammes, de gare en gare,

Y compris les frais de chargement, de déchargement et de gare, tant au départ et à l'arrivée qu'au point de jonction.

STATIONS.	DISTANCES.	PRIX.	
Part des Chemins de l'EST.			
BOLLWILLER	491	45	15
THANN	494	45	40
BITSCHWILLER-THANN	497	45	70
Part du Chemin du NORD.			
LILLE	177	16	90
ROUBAIX	185	17	60
TOURCOING	188	17	85

CHEMINS DE FER DE L'EST ET DU NORD.

TRANSPORTS A PETITE VITESSE.

RÉPARTITION DES PRIX
du Tarif Commun Spécial P. V. n° 20
POUR LE TRANSPORT DES COTONS BRUTS EN BALLES.

PRIX PAR 1,000 KILOGR., DE GARE EN GARE,

Y compris les frais de chargement, de déchargement et de gare, tant au départ
et à l'arrivée qu'aux points de jonction.

1° Par PARIS.

Part du Chemin du NORD.

DES STATIONS CI-CONTRE AUX STATIONS CI-APRÈS.	SAINT-VALERY.			BOULOGNE.			DUNKERQUE.			CALAIS.		
	Dist.	PRIX.	Délais.	Dist.	PRIX.	Délais.	Dist.	PRIX.	Délais.	Dist.	PRIX.	Délais.
Mesgrigny	193	19 26	3	252	20 11	3	332	20 11	3	353	20 11	3
Troyes	193	19 26	3	252	20 11	3	332	20 11	3	353	20 11	3
Jussey	193	19 26	3	252	20 11	3	»	»	»	»	»	»
Vesoul	193	19 26	3	252	20 11	3	»	»	»	»	»	»
Lure	193	19 26	3	252	20 11	3	»	»	»	»	»	»
Bas-Évette	193	19 26	3	252	20 11	3	»	»	»	»	»	»
Belfort	193	19 26	3	252	20 11	3	»	»	»	»	»	»
Altkirch	193	19 26	3	252	20 11	3	»	»	»	»	»	»
Mulhouse	193	19 26	3	252	20 11	3	»	»	»	»	»	»
Wesserling	193	19 26	3	252	20 11	3	»	»	»	»	»	»
Thann	193	19 26	3	252	20 11	3	»	»	»	»	»	»
Cernay	193	19 26	3	252	20 11	3	»	»	»	»	»	»
Bollwiller	193	19 26	3	252	20 11	3	»	»	»	»	»	»
Rouffach	193	19 26	3	252	19 41	3	»	»	»	»	»	»
Colmar	193	18 16	3	252	18 16	3	»	»	»	»	»	»
Bennwihr-Mittelwihr	193	17 61	3	252	17 61	3	»	»	»	»	»	»
Ribeauvillé	193	16 91	3	252	16 91	3	»	»	»	»	»	»

Part du Chemin de CEINTURE.

	Dist.	PRIX.	Délais.	Dist.	PRIX.	Délais.	Dist.	PRIX.	Délais.	Dist.	PRIX.	Délais.
Quelles que soient les stations de départ ou de destination	3	» 54	1	3	» 54	1	3	» 54	1	3	» 54	1

Part des Chemins de l'EST.

	Dist.	PRIX.	Délais.	Dist.	PRIX.	Délais.	Dist.	PRIX.	Délais.	Dist.	PRIX.	Délais.
Mesgrigny	140	14 45	3	140	14 45	3	140	14 45	3	140	14 45	3
Troyes	165	16 85	3	165	16 85	3	165	16 85	3	165	16 85	3
Jussey	346	34 »	5	346	34 »	5	»	»	»	»	»	»
Vesoul	380	37 25	5	380	37 25	5	»	»	»	»	»	»
Lure	410	40 10	5	410	40 10	5	»	»	»	»	»	»
Bas-Évette	435	42 50	6	435	42 50	6	»	»	»	»	»	»
Belfort	442	43 15	6	442	43 15	6	»	»	»	»	»	»
Altkirch	473	46 10	6	473	46 10	6	»	»	»	»	»	»
Mulhouse	490	47 70	6	490	47 70	6	»	»	»	»	»	»
Wesserling	521	50 20	7	521	50 20	7	»	»	»	»	»	»
Thann	509	49 50	7	509	49 50	7	»	»	»	»	»	»
Cernay	503	48 95	7	503	48 95	7	»	»	»	»	»	»
Bollwiller	506	49 20	6	506	49 20	6	»	»	»	»	»	»
Rouffach	518	50 35	6	518	50 35	6	»	»	»	»	»	»
Colmar	531	51 60	6	531	51 60	6	»	»	»	»	»	»
Bennwihr-Mittelwihr-	537	52 15	6	537	52 15	6	»	»	»	»	»	»
Ribeauvillé	544	52 85	6	544	52 85	6	»	»	»	»	»	»

2° Par LAON.

DES STATIONS CI-CONTRE AUX STATIONS CI-APRÈS.	SAINT-VALERY. Dist.	Prix.	Délais.	BOULOGNE. Dist.	Prix.	Délais.	DUNKERQUE. Dist.	Prix.	Délais.	CALAIS. Dist.	Prix.	Délais.
Part du Chemin du NORD.												
Sermaize, Bar-le-Duc, Metz, Thionville, Nancy, Epinal, Lunéville, Haguenau, Benfeld, Schlestadt	252	16 65	3	311	22 »	3	259	22 »	3	281	22 »	3
Ribeauvillé	»	»	»	»	»	»	259	22 »	3	281	22 »	3
Bennwihr-Mittelwihr	»	»	»	»	»	»	259	21 45	3	281	21 45	3
Colmar	»	»	»	»	»	»	259	20 75	3	281	20 75	3
Rouffach	»	»	»	»	»	»	259	21 15	3	281	21 15	3
Bollwiller	»	»	»	»	»	»	259	21 85	3	281	21 85	3
Cernay	»	»	»	»	»	»	259	21 90	3	281	21 90	3
Thann	»	»	»	»	»	»	259	21 85	3	281	21 85	3
Wesserling	»	»	»	»	»	»	259	21 85	3	281	21 85	3
Mulhouse	»	»	»	»	»	»	259	21 75	3	281	21 75	3
Altkirch	»	»	»	»	»	»	259	21 80	3	281	21 80	3
Belfort	»	»	»	»	»	»	259	21 85	3	281	21 85	3
Bas-Evette	»	»	»	»	»	»	259	21 90	3	281	21 90	3
Lure, Vesoul	»	»	»	»	»	»	259	21 75	3	281	21 75	3
Jussey	»	»	»	»	»	»	259	21 85	3	281	21 85	3
Part des Chemins de l'EST.												
Sermaize	165	17 60	4	165	17 60	4	165	17 60	4	165	17 60	4
Bar-le-Duc	187	19 80	4	187	19 80	4	187	19 80	4	187	19 80	4
Metz	303	52 80	6	303	52 80	6	303	52 80	6	303	52 80	6
Thionville	272	55 55	7	272	55 55	7	272	55 55	7	272	55 55	7
Nancy	287	29 20	6	287	29 20	6	287	29 20	6	287	29 20	6
Epinal	360	36 15	6	360	36 15	6	360	36 15	6	360	36 15	6
Lunéville	319	32 25	6	319	32 25	6	319	32 25	6	319	32 25	6
Haguenau	448	44 50	7	448	44 50	7	448	44 50	7	448	44 50	7
Benfeld	462	45 80	7	462	45 80	7	462	45 80	7	462	45 80	7
Schlestadt	478	47 55	7	478	47 55	7	478	47 55	7	478	47 55	7
Ribeauvillé	»	»	»	»	»	»	488	48 50	7	488	48 50	7
Bennwihr-Mittelwihr	»	»	»	»	»	»	494	48 85	7	494	48 85	7
Colmar	»	»	»	»	»	»	501	49 55	7	501	49 55	7
Rouffach	»	»	»	»	»	»	497	49 15	7	497	49 15	7
Bollwiller	»	»	»	»	»	»	485	48 »	7	485	48 »	7
Cernay	»	»	»	»	»	»	485	47 70	8	485	47 70	8
Thann	»	»	»	»	»	»	488	48 30	8	488	48 30	8
Wesserling	»	»	»	»	»	»	501	49 »	8	501	49 »	8
Mulhouse	»	»	»	»	»	»	469	46 60	7	469	46 60	7
Altkirch	»	»	»	»	»	»	455	44 95	7	455	44 95	7
Belfort	»	»	»	»	»	»	421	41 95	7	421	41 95	7
Bas-Evette	»	»	»	»	»	»	414	41 25	7	414	41 25	7
Lure	»	»	»	»	»	»	389	39 »	6	389	39 »	6
Vesoul	»	»	»	»	»	»	359	36 15	6	359	36 15	6
Jussey	»	»	»	»	»	»	525	52 80	6	525	52 80	6

CHEMINS DE FER DE L'EST ET DU NORD.

TRANSPORTS A PETITE VITESSE.

RÉPARTITION DES PRIX

du Tarif Commun d'Exportation P. V. n° 21

POUR LE

TRANSPORT DES EAUX MINÉRALES

EN CAISSES OU EN PANIERS, PAR EXPÉDITION D'AU MOINS 500 KILOGRAMMES
OU EN PAYANT POUR CE POIDS.

PRIX PAR 1,000 KILOGRAMMES, DE GARE EN GARE,

*Y compris les frais de chargement, de déchargement et de gare tant au départ et à l'arrivée
qu'au point de jonction.*

PARCOURS.	DISTANCES.	PRIX.	
Part des Chemins de l'EST.			
De STRASBOURG à LAON	436	15	
Part du Chemin du NORD.			
SAINT-VALERY	252	10	80
BOULOGNE	311	13	15
DUNKERQUE	259	11	05
CALAIS	280	11	90

CHEMINS DE FER DE L'EST ET DU NORD.

TRANSPORTS A PETITE VITESSE.

RÉPARTITION DES PRIX

Du Tarif Commun Spécial P. V. n° 22.

DÉSIGNATION DES MARCHANDISES :

Bombonnes, Bouteilles, Caisses, Fûts, Paniers ou Sacs vides, Toiles d'emballage ayant servi à un transport en retour, Touries vides.

PRIX DE TRANSPORT :

1° Paniers vides, Sacs vides et Toiles d'emballage.

Les paniers vides, sacs vides et toiles d'emballage ayant servi à des expéditions effectuées par les Compagnies ne seront soumis au retour qu'à la perception par expédition des droits d'enregistrement et de timbre ; soit : 0 fr. 60 si ces emballages sont accompagnés d'une lettre de voiture ou d'une facture de transport au timbre de 0 fr. 50 ; soit 0 fr. 30 si ces emballages font seulement l'objet d'un récépissé au timbre de 0 fr. 20.

2° Bombonnes, Bouteilles, Touries et autres Emballages vides ayant servi au transport des Eaux minérales, des Acides minéraux et autres Produits chimiques. — Caisses vides ayant servi à un transport entre Paris (La Chapelle) et Reims.

PRIX DE TRANSPORT PAR 1,000 KILOG., DE GARE EN GARE,

Y compris les frais de chargement, de déchargement et de gare, tant au départ et à l'arrivée qu'aux points de jonction.

PARCOURS.	DISTANCES.		PRIX.	
	NORD.	EST.	NORD.	EST.
De la gare de **PARIS (La Chapelle)** à la gare de **REIMS**, *et vice versâ.*	103	55	5 60	5 30

3° Fûts vides ayant servi à des expéditions entre Paris (La Chapelle) et Reims et retournés à vide à raison de 50 centimes par hectolitre de contenance.

PARCOURS.	DISTANCES.		PRIX.	
	NORD.	EST.	NORD.	EST.
De la gare de **PARIS (La Chapelle)** à la gare de **REIMS**, *et vice versâ.*	105	55	» 55	» 17

CHEMINS DE FER DE L'EST ET DU NORD.

TRANSPORTS A PETITE VITESSE.

RÉPARTITION DES PRIX

du Tarif Commun Spécial P. V. n° 23.

DÉSIGNATION DES MARCHANDISES:

ANIMAUX, INSTRUMENTS ET PRODUITS

ENVOYÉS AUX CONCOURS AGRICOLES.

PRIX DE TRANSPORT

1° Animaux.

DE LA GARE DE PARIS (La Chapelle) A LA GARE DE REIMS et *vice versâ.*	NORD.		EST.	
	DIST.	PRIX.	DIST.	PRIX.
Bœufs, Vaches, Taureaux, Anes, Mulets et autres bêtes de trait, par tête..........	103	5 15	55	2 75
Veaux et Porcs, par tête...	103	2 05	55	1 10
Moutons, Brebis, Agneaux et Chèvres, par tête..................................	103	» 51	55	» 28
Animaux par wagon complet..	103	25 75	55	13 75

Les frais de chargement à de déchargement à percevoir en sus des prix ci-dessus sont fixés comme suit :

Bœufs, Vaches, Taureaux. Anes, Mulets et autres bêtes de trait.......... 1 fr. » c. ⎫
Veaux et Porcs... » 40 ⎬ par tête.
Moutons, Brebis, Agneaux et Chèvres..................................... » 20 ⎭

Ces frais sont à partager par moitié entre chaque Compagnie.

2° Instruments et Produits.

Prix des Tarifs ordinaires réduits de moitié, sans que la taxe puisse être inférieure à 0 fr. 05 c. par tonne et par kilomètre, non compris les frais accessoires.

CHEMINS DE FER DE L'EST, DU NORD ET DE L'OUEST.

TRANSPORTS A PETITE VITESSE.

RÉPARTITION DES PRIX

du Tarif Commun d'Exportation P. V. n° 24

Pour le transport des VINS DE CHAMPAGNE en bouteilles.

PRIX DE TRANSPORT

Par 1,000 kilogrammes, de gare en gare, y compris les frais de chargement, de déchargement et de gare, tant au départ et à l'arrivée qu'aux points de jonction.

DE REIMS AUX GARES SUIVANTES.	EST.		NORD.		CEINTURE.		OUEST.	
	DIST.	PRIX.	DIST.	PRIX.	DIST.	PRIX.	DIST.	PRIX.
ROUEN........................	55	7 55	105	12 95	6	1 08	134	10 02
HAVRE........................	55	7 55	105	12 95	6	1 08	226	15 02
FÉCAMP.......................	55	7 55	103	12 95	6	1 08	220	15 02
DIEPPE.......................	55	7 55	105	12 95	6	1 08	198	15 02
HONFLEUR.....................	55	7 55	105	12 95	6	1 08	230	15 02

CHEMINS DE FER DE L'EST, DU NORD ET D'ORLÉANS.

TRANSPORTS A PETITE VITESSE.

RÉPARTITION DES PRIX

du Tarif Commun P. V. n° 25.

DÉSIGNATION DE LA MARCHANDISE :

VINS DE CHAMPAGNE par expédition de 1,500 bouteilles au moins, ou en payant pour ce nombre s'il y a avantage pour l'expéditeur.

PRIX DE TRANSPORT

Par 1,000 kilogrammes, de gare en gare, y compris les frais de chargement, de déchargement et de gare, tant au départ et à l'arrivée qu'aux points de jonction.

PARCOURS.	DISTANCES.	PRIX par 1,000 kilog.
Part des Chemins de l'EST.		
BORDEAUX	52	5 55
ROCHEFORT	52	6 25
LA ROCHELLE	52	6 25
NANTES	52	6 25
SAINT-NAZAIRE	52	5 70
Part du Chemin du NORD.		
BORDEAUX	103	9 44
ROCHEFORT	103	10 74
LA ROCHELLE	103	10 74
NANTES	103	10 74
SAINT-NAZAIRE	103	9 69
Part du Chemin de CEINTURE.		
POUR TOUS LES POINTS	12	2 16
Part du Chemin d'ORLÉANS.		
BORDEAUX	577	47 85
ROCHEFORT	473	45 85
LA ROCHELLE	476	45 85
NANTES	425	40 85
SAINT-NAZAIRE	490	42 45

COMPAGNIES DES CHEMINS DE FER

DE PARIS A LYON ET A LA MÉDITERRANÉE, DE L'EST ET DU NORD.

TRANSPORTS A PETITE VITESSE.

RÉPARTITION DES PRIX
du Tarif Commun P. V. n° 26

POUR LE

Transport de la LAINE brute et de la LAINE lavée,

Par wagon chargé d'au moins 5.000 kilog., ou en payant pour ce poids s'il y a avantage pour l'Expéditeur.

PRIX DE TRANSPORT,

Par 1,000 kilogrammes, de gare en gare, y compris les frais de chargement, de déchargement et de gare, tant au départ et à l'arrivée qu'aux points de jonction.

PARCOURS.	DISTANCES.	PRIX.
Part des Chemins de PARIS à LYON et à la MÉDITERRANÉE.		
MARSEILLE	614	49 85
CETTE	617	50 30
AIX	609	49 65
Part des Chemins de l'EST.		
De GRAY à LAON	331	26 99
Part du Chemin du NORD.		
LANDRECIES	99	8 85
LE CATEAU	87	7 90
TOURCOING	188	16 »

www.ingramcontent.com/pod-product-compliance
Ingram Content Group UK Ltd.
Pitfield, Milton Keynes, MK11 3LW, UK
UKHW022128070726
13613UKWH00003B/1284